ne plus ja

Illustrations
Émilie Boudet

Direction éditoriale
Thomas Dartige
Édition
Clotilde Oussiali
Direction artistique
Élisabeth Cohat
Conception et réalisation graphique
Marguerite Courtieu et Fleur Lauga
Fabrication
Christophe de Mullenheim

ISBN 978-2-07-063055-4

Dépôt légal : juin 2010
Numéro d'édition : 172111
Loi n° 49-956 du 16 juillet 1949
sur les publications destinées à la jeunesse
Photogravure : Scanplus
Imprimé par IME en France

Benoît Rosemont

ne plus jamais s'ennuyer

LA MAGIE

GALLIMARD JEUNESSE

Sommaire

DÉCOUVRIR

LÉGENDES

 Vue du magicien

 Vue du public

 Bricolage

 Entraînement

ne plus jamais s'ennuyer

TOURS DE MAGIE

BRICOLAGE ET ENTRAÎNEMENT

CONSEILS PRATIQUES

La reine des arts

La magie, c'est bien plus qu'un simple « truc », un « secret », c'est un art complet dont tu vas découvrir de nombreuses facettes dans ce livre.

L'illusionisme

On pourrait résumer la magie comme étant l'ensemble des phénomènes inexpliqués. Dans ce livre, tu trouveras l'explication de certains de ces phénomènes extraordinaires. C'est ce que l'on appelle l'illusionnisme, l'art de faire croire que l'on a des pouvoirs alors qu'en réalité on utilise des trucages. Le but de l'illusionniste est de divertir le public, de le faire rêver, de l'émerveiller. Tout peut être magique ! La magie, c'est de la joie, du rêve, du bonheur à partager.

La clé du succès

Connaître le secret d'un tour ne suffit pas ! Pour bien présenter des tours de magie et ainsi amuser, étonner et surprendre ton entourage, il te faudra suivre plusieurs étapes de préparation et respecter certaines règles. Alors ne va pas trop vite. Regarde bien tous les conseils que tu découvriras au fur et à mesure des pages. Et surtout ne cherche pas à présenter tout de suite un effet. Prends le temps de bien tout comprendre et de répéter. C'est ainsi que tu deviendras peut-être un jour... magicien ! Pour cela, n'hésite pas à lire les tours avec le matériel en main.

Pour ne plus jamais t'ennuyer, plonge-toi vite dans le monde merveilleux de la magie, et découvre la reine des arts.

Les règles du magicien

Pour devenir magicien, il est important de respecter certaines règles simples qui te permettront d'impressionner et de divertir ton public.

Répéter, répéter et encore répéter

Si l'un des spectateurs voit l'astuce, alors l'illusion ne fonctionne pas, c'est pourquoi il faut être fin prêt pour réussir tous les tours lors du spectacle. Même les plus simples demandent beaucoup de travail.

Garder le secret !

C'est indispensable pour faire de la magie car si le public connaît le truc, la manière dont tu fais un tour, tu ne pourras plus l'étonner. Une fois le secret révélé, ce n'est plus amusant ni pour ton public ni pour toi. Alors... chut !

Ne pas prévenir

En règle générale, il ne faut jamais dire l'effet à l'avance car, si le public sait ce que tu vas faire, il est moins surpris et va chercher à comprendre au lieu de se laisser embarquer dans le rêve. C'est pour cela qu'il est important de bien préparer ton boniment.

Une seule présentation

Ne fais jamais deux fois le même tour au même public : quand un spectateur sait ce que tu vas faire, il est plus attentif et il trouve plus facilement l'astuce.

Petite histoire de la magie

La magie existe depuis les débuts de l'humanité. Elle est en évolution permanente et ne cesse de se renouveler.

Sorciers et magiciens

Toutes les civilisations ont eu leurs magiciens et les premières tribus possédaient déjà leurs sorciers qui utilisaient leurs pouvoirs surnaturels pour impressionner les foules. Des textes anciens datant de 2 500 av. J.-C. témoignent de la connaissance de tours de magie, comme le jeu des gobelets encore pratiqué aujourd'hui, ainsi que des illusions d'optique, la ventriloquie et des phénomènes acoustiques.

Les illusionnistes

À la fin du Moyen Âge, les pouvoirs publics ont voulu démontrer que les sorciers n'avaient pas de réels pouvoirs et qu'ils utilisaient les mêmes trucages que les illusionnistes. Cela a encouragé Reginal Scott à publier en 1584 le premier livre expliquant le secret de certains tours de magie. Jusque vers 1700, l'utilisation de la magie pour tromper était particulièrement efficace car la plupart des gens n'étaient pas éduqués. La magie était même utilisée par des marchands pour vendre des élixirs dont ils exagéraient les effets. Enfin, en 1845, Robert-Houdin révolutionna le monde de la magie en ouvrant le premier théâtre de magie.

Des grandes illusions au *close-up*

Débuta ensuite une période de spectacles à grande échelle, notamment aux États-Unis, avec le développement des grandes illusions, qui attirèrent l'attention des médias et de la foule. Enfin ce fut la part belle aux prestidigitateurs sans bagages pour aboutir à une forme de magie très à la mode aujourd'hui : le *close-up*, c'est-à-dire la magie de proximité.

Le cabinet des secrets

Tu vas pouvoir fabriquer ton cabinet des secrets qui est indispensable pour te permettre de bien présenter les tours de ce livre.

Tous les magiciens ont besoin de prendre ou de déposer discrètement des objets, sans que le public puisse le voir :
- avant le tour, quand tu vas préparer le matériel ;
- durant le tour, sous le couvert d'une autre action dans le but de détourner l'attention ;
- après le tour, pour te débarrasser d'un accessoire secret qui a servi à réaliser l'expérience.

Pour le fabriquer, il te suffit de relier ensemble deux feuilles de papier cartonné avec un morceau de ruban adhésif. ❶ Si tu n'as pas de cartons sous la main tu peux coller ensemble 4 ou 5 feuilles de papier avec un tube de colle. Il faut que le cabinet des secrets soit assez rigide pour pouvoir tenir debout sur la table. ❷

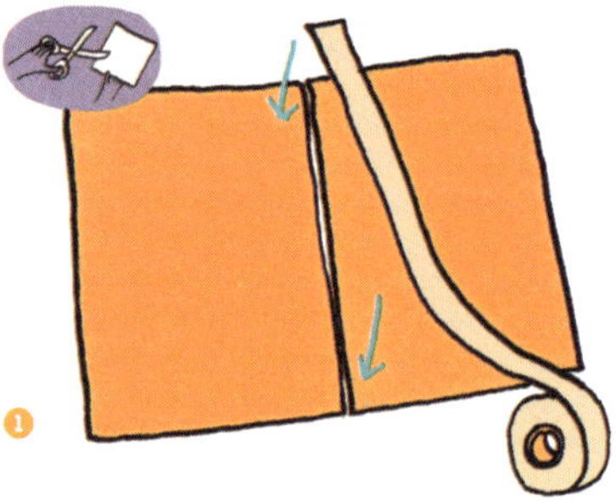

❶

❷

J. E. Robert-Houdin, père de la magie moderne

Jean Eugène Robert-Houdin (1805-1871) est le maître des magiciens modernes.

Un horloger

Fils d'horloger, Robert-Houdin créa des pendules et des automates célèbres. Il était aussi un inventeur de génie à qui l'on doit l'appareil de comptage des touches des escrimeurs, le taximètre, des appareils électromécaniques et des instruments d'ophtalmologie.

Le théâtre de magie

Il a ouvert le premier théâtre dédié à l'illusion en 1845 à Paris, les Soirées fantastiques. Pour la première fois, c'est le public qui venait au spectacle et non le spectacle qui allait vers le public. Il réalisait ses tours en habit de tous les jours.

Un magicien moderne

Robert-Houdin utilisait les dernières découvertes de la science comme l'éther aux propriétés peu connues, ou l'électroaimant, qui lui servait à mettre son fils en lévitation. Il a ainsi réuni ses connaissances scientifiques, son savoir-faire en mécanique et sa passion pour la magie. C'est maintenant à toi d'utiliser tes savoirs !

Apparition de la baguette magique

Le magicien présente une enveloppe d'où il sort une baguette magique plus grande que l'enveloppe elle-même ! ❶ Comment est-ce possible ? ❷

Astuce

Découpe une fente de 2 cm dans le fond d'une enveloppe pour que la baguette dépasse d'un coin de celle-ci. ❸ Tu peux ainsi tenir l'enveloppe en cachant la baguette le long de ton poignet sans que le public la voie. ❹

Brico

Pour fabriquer une baguette magique, roule un crayon dans une feuille de papier noir ❺ et découpe deux bandes blanches dans une feuille de papier pour les coller aux extrémités. ❻

Présentation

- Prends l'enveloppe. Elle est fermée et le public ne doit pas voir que la baguette est le long de ton poignet. ❹ Tiens l'enveloppe du bout des doigts et tourne-toi légèrement vers la droite si tu tiens l'enveloppe dans la main gauche (ou vers la gauche si tu tiens l'enveloppe dans la main droite).

- Fais un geste magique de ta main libre et attrape le bout de la baguette dans l'enveloppe. Tire la baguette, qui semble sortir de l'enveloppe, ❶ et présente-la à côté de l'enveloppe pour que le public voit qu'elle est plus grande ❷, c'est l'instant magique.

- Dépose la baguette sur la table pour montrer qu'elle est bien solide et range l'enveloppe dans le cabinet des secrets pour qu'on ne puisse pas voir qu'elle est percée.

La baguette magique

Son origine se perd dans la nuit des temps et son importance varie en fonction des traditions et des cultures des peuples, ainsi que de l'époque.

Du bâton...

Le bâton a probablement été la première arme car il est plus facile à emporter que des pierres. Il a en plus l'avantage de pouvoir être décoré du nom de la tribu ou de symboles magiques. Durant la préhistoire, les hommes importants avaient plusieurs bâtons de tailles et de formes différentes selon leur fonction. Dans l'Ancien Testament, on peut lire l'histoire de Moïse qui transforme son bâton en serpent.

... à la baguette

es druides anglais, les sorciers
hamanes américains, et
es prêtres taoïstes chinois,
tilisaient des baguettes
nagiques pendant leurs rituels.
a baguette magique était
ouvent attachée à un pouvoir
n lien avec les croyances
eligieuses. Les tailles et les
ormes des baguettes variaient
elon la cérémonie. Certains
nagiciens la peignaient une
noitié en blanc, l'autre en noir.

Les illusionnistes

Au Moyen Âge, les illusionnistes ont commencé à user de baguettes pour imiter les responsables religieux et politiques et leur ont attribué des pouvoirs magiques. Les baguettes magiques étaient couramment utilisées par les illusionnistes européens au cours du XVe siècle. On trouve des représentations de magicien avec une baguette magique sur de nombreuses cartes de tarot. Robert-Houdin avait aussi sa propre baguette, noire avec des bouts en ivoire. Cette dernière est restée jusqu'à présent le symbole du pouvoir des magiciens. À toi de rendre la tienne vraiment magique.

La baguette qui rétrécit

Le magicien prend une baguette magique ❶ et la fait rétrécir ❷ jusqu'à ce qu'elle devienne toute petite ❸ avant de la faire grandir à nouveau !

Astuce

C'est une bague en papier qui te permet de réussir cette illusion. ❹ Le public verra la bague glisser sur la baguette qui, elle, reste cachée le long de ton poignet. ❺

Brico

Pour fabriquer la bague, découpe une bande de papier de la largeur du bout blanc de la baguette. ❻ Ensuite, fais un anneau en coupant la bande de papier et en la collant ❼ Ta bague est terminée.

Présentation

Prends la baguette magique entre
es deux mains en tenant la bague
n papier à droite, sur le bout blanc,
our que le public ne la voit pas. ❶

La main droite pousse la bague
ers la gauche tandis que la
aguette glisse secrètement le
ong de ton poignet ! ❺ Pour les
pectateurs, la baguette sera en
rain de rétrécir. ❷ Pousse encore
a bague vers la gauche pour que la
aguette devienne toute petite. ❸

- Ensuite, tire la baguette vers la gauche. Lorsque la bague arrive au bout de la baguette, place tes doigts droits dessus pour la cacher et tire la baguette vers la gauche. ❽ Donne la baguette à examiner. Pendant ce détournement d'attention, la main droite pose discrètement la bague dans ton cabinet des secrets...

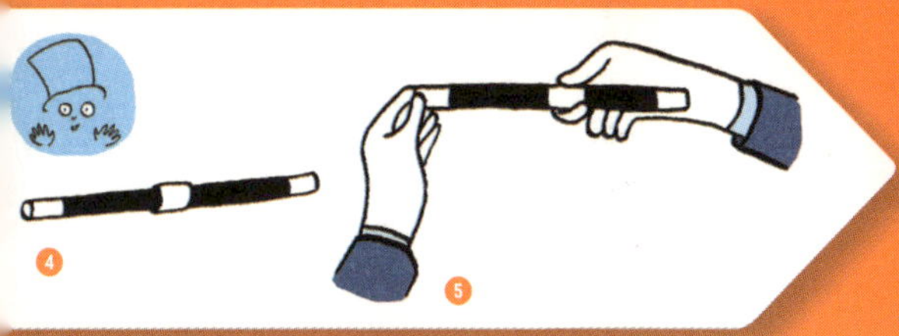

La main

La main est le premier outil de l'homme et l'instrument essentiel pour l'apprenti magicien que tu seras bientôt. Il est important de bien la connaître.

Le magicien utilise de nombreux principes pour émerveiller le public : des principes psychologiques, des principes mécaniques, mais il doit avant tout pouvoir manipuler des objets. Pour cela, les mains sont indispensables. Tu dois donc en prendre bien soin et les entraîner. Comment ? Il te suffira de pratiquer les différents exercices amusants qui sont décrits tout au long de ce livre. Tu sais peut-être que, pour devenir musicien, il faut s'entraîner à faire ses gammes ? Pour un magicien, c'est la même chose ! Ces exercices font partie de l'entraînement du magicien.

Pour bien comprendre toutes les explications des tours, tu dois pouvoir identifier les parties et les cinq doigts de la main.

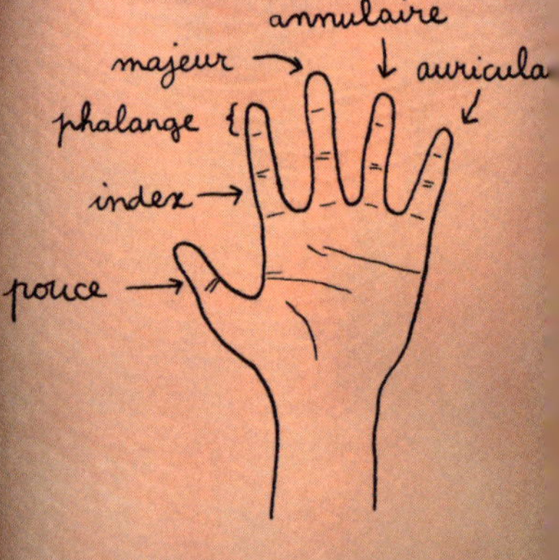

H. Potter, le nouveau sorcier

Le héros de J.K. Rowling, Harry Potter, renouvelle l'image du magicien, tout en conservant les fondements de la tradition des magiciens.

Histoire d'un sorcier

Héros de roman, Harry Potter est un enfant, tout comme toi. Il entre à l'école de sorcellerie de Poudlard un peu avant ses 11 ans et apprend à maîtriser les pouvoirs magiques qu'il possède. Les vrais pouvoirs sont en lui et, avec la ténacité, le courage et l'envie de rêver, il les exprime à travers la magie, ce qui lui permet de se faire deux amis inséparables. Tu verras, toi aussi, que la magie peut te permettre de te faire des supers amis.

Magicien moderne… et traditionnel

Les sorciers de J.K. Rowling vivent parmi les « moldus », mais le « Code international du Secret » les oblige à rester discrets. Comme pour toi, les « moldus » seront ton meilleur public si tu sais garder tes secrets. Harry Potter est un magicien moderne, mais il respecte les fondements de la magie traditionnelle. En effet Harry et ses amis lancent toujours des sorts grâce à une baguette magique et ils ont besoin de formules magiques.

La prestidigitation

La prestidigitation est l'art des prestidigitateurs, ceux qui ont les doigts agiles. C'est l'une des disciplines les plus difficiles de la magie.

Doigts agiles

Le mot « prestidigitateur » fut inventé en 1823 par le physicien Jules de Rovère. Magicien amateur, il ne voulait pas utiliser le terme de physicien qui était son métier, ni d'escamoteur qui désignait les magiciens de rues du Moyen Âge. Comme les magiciens de l'époque aimaient faire croire qu'ils possédaient des titres prestigieux pour encourager les spectateurs à venir les voir, Jules de Rovère souhaita innover pour se rendre unique. Il a alors créé le mot « prestidigitateur » qui vient de deux mots latins : *presto* (habile, rapide) et *digiti* (doigts). Saurais-tu toi aussi inventer un terme pour te rendre unique ?

Le matériel

La prestidigitation n'exige pas de matériel particulier, quelques petits objets, ou quelques appareils très simples que tu peux fabriquer toi-même. C'est ce que tu retrouves dans ce livre. Avec de l'entraînement, tu seras prêt à produire des illusions, n'importe où et à tout moment. En somme, ce qui compte c'est ton habileté.

La baguette magnétique

Le magicien prend une baguette en main. ❶
Après un geste magique ❷, il ouvre le poing...
la baguette semble coller à la main ! ❸

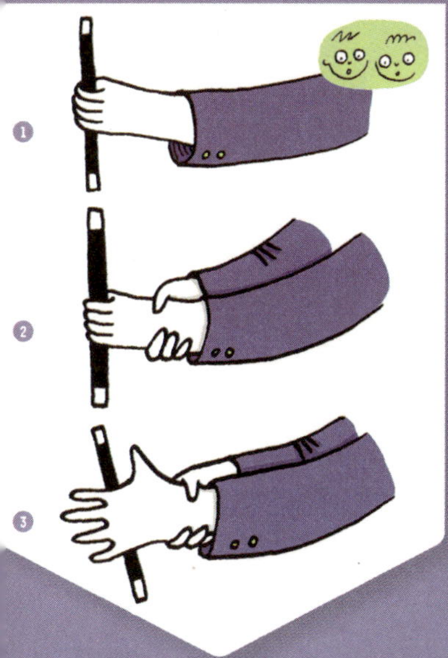

Présentation

- Prends la baguette dans ta main gauche et explique qu'en faisant le geste magique de serrer ton poignet, il se passe quelque chose d'étrange. De la main droite, attrape ton poignet gauche ❷ et étends secrètement l'index droit derrière ta main gauche. ❹ Attention, le public ne doit pas le voir !
- Ouvre la main gauche en tendant bien les doigts, la baguette ne tombe pas. ❸
- Referme la main gauche. ❷ Ensuite, replie ton index droit et retire ta main droite. Laisse tomber la baguette sur la table pour montrer qu'il n'y a pas de colle dessus.

Astuce

C'est l'index de ta main droite qui va tenir secrètement la baguette contre la main gauche (ou l'inverse si tu préfères). ❹

La baguette vraiment magnétique

Le magicien présente le tour de « la baguette magnétique », puis il retire sa main droite et la baguette reste collée à ses doigts gauches. ❶

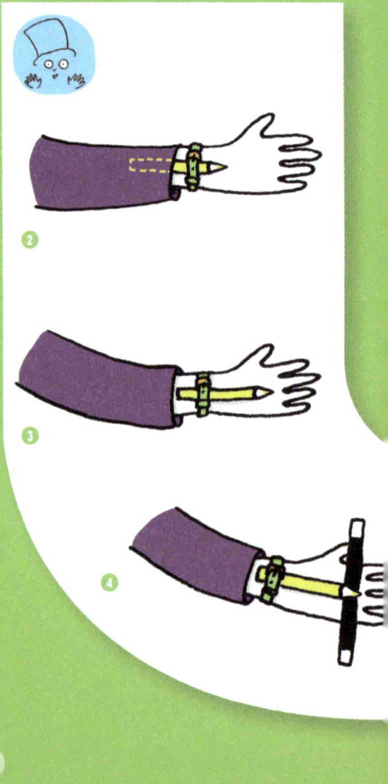

Astuce

Avant le début du spectacle cache un crayon dans ta manche, sous le bracelet de ta montre. ❷ Pendant que le public examine la baguette magique, tire le crayon vers ta main en le laissant coincé sous ta montre. ❸ C'est lui qui tient la baguette, ❹ mais le public ne doit jamais le voir.

Présentation

- Prends la baguette dans ta main gauche à pleine main en la glissant sous le crayon. Puis, de la main droite, attrape ton poignet gauche comme pour « la baguette magnétique » et étends ton index droit sur le crayon, comme pour tenir la baguette. Annonce que tu vas révéler ton secret ! Tourne-toi, sans bouger la position des mains, et montre au public que ton index tient la baguette, en cachant le crayon ! ❺

- Puis, montre de nouveau le dos de ta main gauche et annonce qu'un vrai magicien peut faire tenir la baguette sans le doigt. Et retire ta main droite ! C'est maintenant le crayon qui tient la baguette mais le public ne le voit pas. ❶

- Ferme la main gauche, reprends ton poignet gauche de la main droite et pousse le crayon sous le bracelet de ta montre en pliant l'index ❼, pour qu'il soit caché par ta manche. ❷ Laisse tomber la baguette sur la table et baisse les bras. Pendant que le public examine la baguette, enlève le crayon derrière ton cabinet des secrets.

La lévitation

La lévitation, quitter le sol pour les airs, comme un oiseau, est un vieux rêve de l'homme. Seuls les magiciens ont pu le réaliser.

Un phénomène merveilleux

Tu connais bien sûr Superman, Peter Pan, Mary Poppins, Aladin, ou encore Nathan Petrelli de la série *Heroes*. Tous peuvent s'envoler dans les airs, ils peuvent léviter. Dans le monde réel, de nombreux témoignages attestent de la lévitation de personnages comme des yogis indiens, des moines tibétains ou des personnalités du monde religieux. Ces phénomènes sont étonnants car ils vont à l'encontre des règles de la science. Tu as sûrement entendu parler de l'attraction terrestre, cette force qui nous attire vers la Terre. C'est elle qui nous empêche de nous envoler. C'est pour cela que la lévitation émerveille les hommes.

Le tour des magiciens

Depuis longtemps les magiciens cherchent à reproduire la lévitation en utilisant des trucages. Ainsi, Robert-Houdin présentait « la suspension éthéréenne » avec son fils de 6 ans qui restait suspendu dans les airs après avoir respiré de la vapeur d'éther. Depuis, les illusionnistes ont fait preuve d'imagination pour faire toujours plus fort, jusqu'à la présentation de l'extraordinaire lévitation de David Copperfield.

Le secret

Si tu souhaites donner l'illusion de t'envoler, passe ta tête dans un grand drap qui te couvre jusqu'aux pieds. Demande un vieux drap de lit à tes parents et fait un trou au centre. Accroche ensuite deux chaussures au bout de deux manches à balais. Présente-toi de profil par rapport au public et lève les bâtons lentement. Les spectateurs verront ainsi tes chaussures à l'horizontal et tu donneras l'impression de voler. Garde tes vrais pieds bien cachés !

Le cône à disparition

Le cône à disparition est un instrument très simple à fabriquer, et très utile car il va te permettre de faire disparaître des objets !

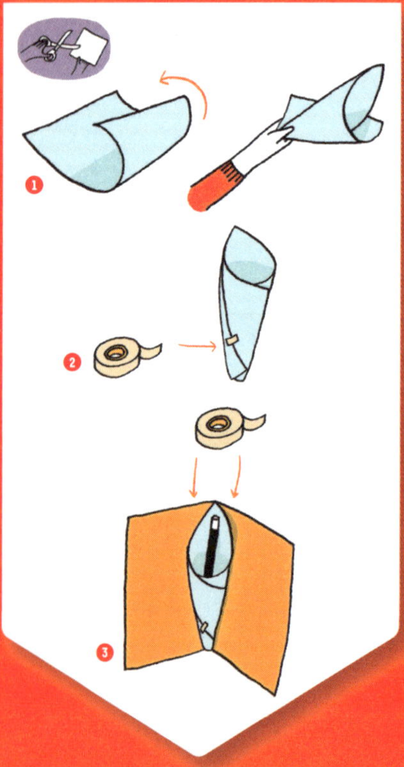

Les magiciens professionnels utilisent également ce genre d'accessoire, et l'appellent « servante », ce qui désigne généralement une tablette ou une poche qui se trouve derrière la table. La servante sert à se débarrasser d'objets sans que le public s'en rende compte. Le magicien Robert-Houdin parle déjà de la servante dans son livre paru en 1868, *Les Secrets de la prestidigitation*.

Fabrication

Prends une feuille de papier et roule-la pour en faire un cornet, comme un cornet de glace. ❶. Colle-le avec du ruban adhésif derrière le cabinet des secrets. ❷ Pour trouver la bonne hauteur, place ta baguette magique dedans, elle ne doit pas dépasser. ❸

La baguette caoutchouc

Le magicien prend une baguette magique solide et la rend toute molle ! ❶ Pourtant, d'une formule magique, il la rend à nouveau solide. ❷

Astuce

Il s'agit d'une illusion d'optique dans laquelle l'œil est trompé par la vitesse du mouvement de la main. La baguette reste dure mais tout le monde a l'impression de la voir molle.

Présentation

- Tiens la baguette près d'une de ses extrémités, entre le pouce et l'index. ❷ Tu ne dois pas serrer les doigts, si bien que la baguette va un peu tomber. ❸
- Pose ton coude sur la table et fais maintenant de petits mouvements de bas en haut avec la main. Ensuite, accélère un peu en faisant des mouvements plus petits. Tiens la baguette sans la serrer entre les doigts (c'est le vrai secret !) et celle-ci commencera à donner l'impression d'être molle.

Remarque : Quand tu auras bien compris le mouvement, fais-le sans poser le coude sur la table.

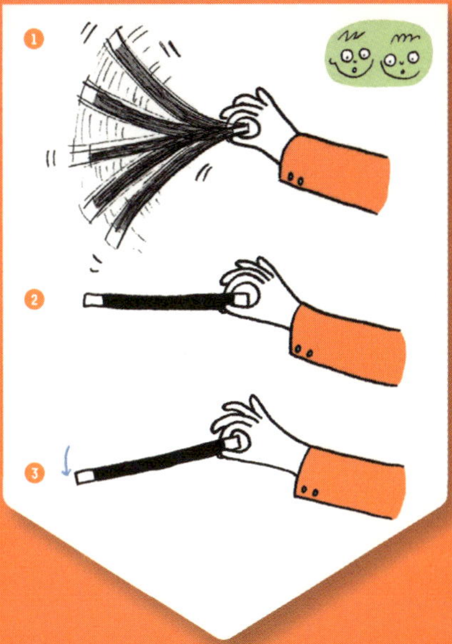

L'anneau magique

Le magicien roule sa baguette
dans une serviette en papier ❶
et, grâce à un anneau magique ❷,
il la fait disparaître en une seconde ! ❸

❶

❷

❸

Astuce

La baguette glisse derrière
le cabinet des secrets, dans
le cône à disparition, sans que
les spectateurs ne la voient. ❺

Présentation

Roule ta baguette magique dans ne serviette en papier. ❶ Ne serre as trop la serviette car la baguette oit pouvoir glisser en dehors.

Tiens la baguette dans ta main auche en la pinçant à travers la erviette et approche-toi de ton abinet des secrets pour prendre n anneau de la main droite. La nain gauche se place au-dessus u cornet en faisant toucher le bas e la serviette et le haut du cabinet es secrets. ❹

- Regarde ta main droite qui montre l'anneau et laisse tomber la baguette dans le cône. ❺ C'est un moment important car on ne doit rien entendre et ta main gauche doit rester immobile.

- Amène la serviette devant toi et passe l'anneau au milieu. ❷ Pour le public, la baguette est toujours dans la serviette, il n'y a que toi qui sais qu'elle n'y est plus. Prononce une formule magique et fais une boulette avec la serviette... la baguette a disparu ! ❸

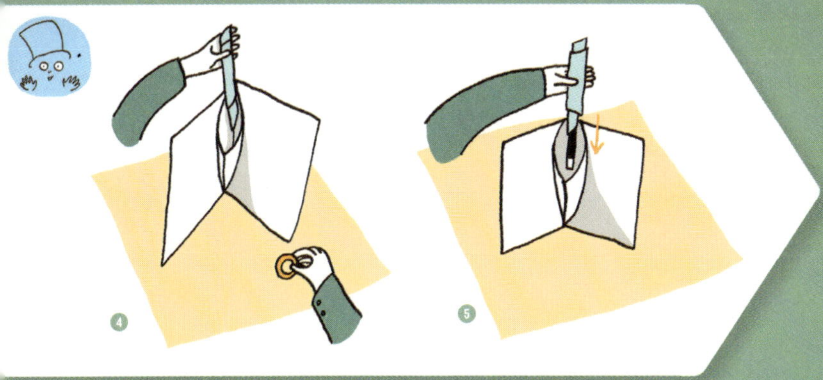

Le mentalisme

Tu as sans doute entendu parler de la série télévisée *The mentalist* qui surfe sur la mode du mentalisme.
Mais qu'est-ce que le mentalisme ?

À la télé

Toutes les qualités du magicien mentaliste sont présentées à travers Patrick Jane, le héros de la série. Consultant pour la police, il est fin observateur, perspicace, doté d'un sens aigu de l'observation. Il sait décoder les comportements humains et ses connaissances en psychologie lui permettent de manipuler ceux qui l'entourent. C'est tout ce qu'un magicien mentaliste essaie de reproduire en spectacle.

Sur scène

Le mentalisme est une catégorie de magie qui peut se présenter aussi bien en *close-up* que dans un salon ou sur scène. Le magicien va jouer avec les émotions et les pensées de son public en faisant croire qu'il peut prédire l'avenir, lire dans les pensées ou décoder les sentiments des spectateurs. Le but est bien sûr de distraire le public mais, très souvent, le ton est sérieux et l'accent est mis sur le mystère. C'est une véritable interaction directe avec l'esprit des spectateurs.

Le ping-pong visuel

Cet exercice va te permettre d'entraîner un outil ndispensable pour renforcer les *misdirections* pendant les tours de magie : le regard.

as besoin de raquette ni de balle our jouer à ce ping-pong là. Il faudra juste un copain comme artenaire et une table.

lace-toi face à ton copain, chacun 'un côté de la table et fais comme tu avais une balle et une raquette e ping-pong. Lance la balle en la egardant monter dans les airs, puis edescendre et frappe-la avec la aquette. Suis bien le trajet de la alle des yeux, regarde-la rebondir ur la table, jusque devant ton opain qui va te la renvoyer. Suis ien la balle des yeux avant de la elancer. Bien sûr, tout ceci est naginaire, car ce qui est important 'est de s'entraîner à bien regarder. faut que toi et ton copain soyez en ain de regarder la balle au même ndroit en même temps.

Pour tes premiers exercices, fais-le au ralenti.

Ceci t'aidera beaucoup pour les détournements d'attention et te permettra de réaliser des mouvements secrets.

Disparition de boutons

Le magicien présente cinq boutons ❶ et les fait glisser dans sa main. ❷ Un souffle magique et deux boutons disparaissent ! ❸

Astuce

Colle deux boutons au dos d'une carte à jouer. ❹ Place trois autres boutons identiques sur la carte pour que personne ne voit qu'il y en a deux qui sont collés. ❶ La carte ainsi préparée est derrière ton cabinet des secrets, à plat.

Présentation

Prends la carte à jouer et résente les cinq boutons en aisant bien attention à ne pas n faire tomber. Prends un des outons qui n'est pas collé en main our le montrer des deux côtés, ous le prétexte d'en montrer la ouleur. Le public en déduira qu'ils ont tous « libres », sans que tu ies besoin de le dire.

Approche la carte de ta main roite et fais glisser les boutons en iontrant bien la face de la carte u public. Le public ne doit pas voir ue deux boutons restent collés. ❺ erme aussitôt la main droite sans iontrer le dos de la carte !

- Pose la carte derrière le cabinet secret et fais un souffle magique sur ton poing droit. Ouvre la main... deux boutons ont disparus. ❸

Les types de magie

On distingue trois grands types de magies qui dépendent des conditions de présentation et du nombre de spectateurs. La nature des tours effectués s'adapte en conséquence.

Le *close-up*

Le *close-up* concerne seulement quelques spectateurs proches du magicien. Cette magie conviviale fait appel à des objets petits, souvent usuels, comme les cartes à jouer. Dans le *close-up*, chaque spectateur est concerné individuellement par la prestation du magicien. C'est une magie bien développée actuellement et souvent présentée lors des dîners.

La magie de salon

Comme son nom l'indique, cette magie peut être présentée dans un salon, et concerne plus de spectateurs que le *close-up*. Ici, c'est un groupe de spectateurs qui est concerné. Cette magie est présentée comme lors d'un spectacle sur scène, mais le public n'est pas installé sur des gradins. Les effets décrits dans ce livre appartiennent à cette catégorie et tu pourras les présenter en réunissant ta famille ou tes amis chez toi.

La magie de scène

Elle peut réunir jusqu'à plusieurs centaines de spectateurs, voire des milliers dans des salles prévues pour ces grands rassemblements. Cette magie se caractérise par le fait qu'elle concerne en même temps plusieurs groupes de spectateurs. Le matériel utilisé est donc adapté, plus grand et parfois gigantesque, comme un avion ! Ici, les grandes illusions ont la part belle, comme la femme coupée en deux ou la disparition d'un éléphant.

A. de Saint-Exupéry, amateur passionné

Si le Petit Prince était un peu magicien, ce n'est pas par hasard, Antoine de Saint-Exupéry (1900-1944) était lui-même prestidigitateur.

Aviateur et écrivain

Saint Ex' se passionne pour les avions dès l'âge de 12 ans et devient pilote à l'Aéropostale à 26 ans. Parallèlement, il publie son premier roman, *Courrier Sud*, chez Gallimard, en 1928, en s'inspirant de son expérience d'aviateur.

Magicien amateur

Amateur passionné de magie, il s'en servait pour briser la glace lors de rencontres et masquer sa timidité. Il pratiquait la magie comme il écrivait ses livres, en perfectionniste et, s'il raturait ses livres sans cesse et les réécrivait plusieurs fois, en magie il faisait toujours les mêmes tours qu'il maîtrisait parfaitement. Il savait qu'en magie, comme en aviation, il faut pratiquer, répéter, pour bien maîtriser son art. Il ne faisait pas de manipulations difficiles et soignait la mise en scène. La magie lui a permis de rencontrer de nombreuses personnes, et lui a procuré beaucoup de plaisir. C'est aussi ça la magie.

Un bouton triste

Après la disparition
de deux de ses amis dans
la « disparition de boutons »,
un bouton pleure. ❶

Astuce

'rends un petit bout de coton et
rempe-le dans de l'eau. Cache-le
lerrière ton cabinet des secrets
ıvant le spectacle. C'est grâce à lui
ue le bouton va pleurer. ❷

Présentation

· Après la « disparition de
outons », pose les trois boutons
estant sur la table. Explique qu'ils
ont tristes d'avoir perdu leurs
ımis et qu'il faudra les consoler.
/a derrière ton cabinet des secrets
ːt, pendant que tu prends la
erviette dans la main droite,
rends en même temps le coton
lans la main gauche, sans le
nontrer.

- Reprends l'un des boutons dans ta main droite et cache discrètement le coton derrière. Tiens le tout du bout des doigts devant ton visage, le coton vers toi. ❷ En pressant le coton, quelques gouttes d'eau tomberont, donnant l'impression que le bouton pleure. ❶

- Garde le coton dans la main gauche et frotte le bouton de la main droite sur la serviette comme pour sécher ses larmes. Pendant ce temps, laisse discrètement tomber le coton derrière ton cabinet.

Le retour des boutons

Le magicien prend les trois boutons qui restent après la « disparition de boutons » ❶ et fait réapparaître les deux boutons disparus. ❷

Astuce

Avant le spectacle, cache deux boutons dans les plis d'une serviette en papier. ❸ Fais attention à ce qu'ils soient bien dans le coin. C'est la même serviette que pour « le bouton triste » si tu fais ce tour avant. Sinon, prends-la simplement pour servir de tapis.
Pour la prendre d'une seule main et sans que les boutons tombent, attrape-la en pinçant le coin où se trouvent les boutons. ❹

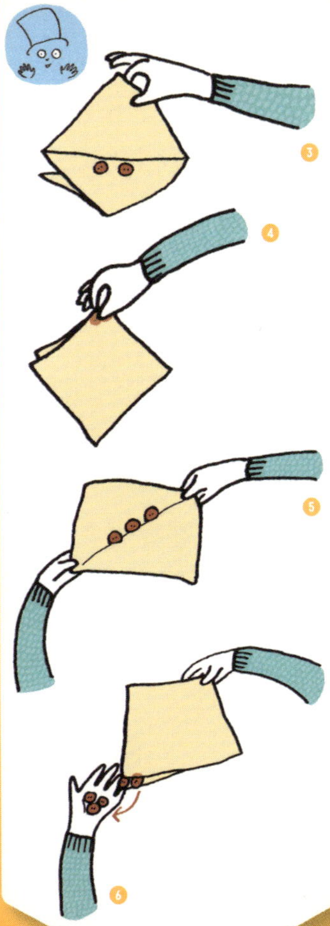

Présentation

- Tu as trois boutons sur la serviette devant toi. Prends la serviette des deux mains, en tenant l'angle avec les boutons du côté de ta main droite. ❺ Lève la main droite et fais glisser les boutons dans ta main gauche qui est ouverte, paume en l'air. Les boutons qui se trouvent dans les plis de la serviette tomberont avec les autres sans que le public le voit. ❻

- Ferme la main gauche avant que les spectateurs ne puissent compter le nombre de boutons et fais un souffle magique sur ton poing. Ouvre la main… les deux boutons sont réapparus !❷

Des doigts forts

Les doigts d'un magicien doivent être musclés et souples pour lui permettre de réaliser toutes les manipulations. Pour cela, il faut s'entraîner.

Tu trouveras dans ce livre plusieurs exercices pour te permettre d'avoir des mains de magicien. Pour y arriver, il faut en faire un peu tous les jours. Quelques minutes suffisent, mais il faut le faire régulièrement.

Exercice 1

Il a pour objectif de muscler l'ensemble de la main. Tiens ta main bien droite ❶, puis plie tous les doigts pour fermer le poing ❷ et ouvre de nouveau la main comme au départ. Recommence 10 fois avec chaque main.

Exercice 2

Ici, il s'agit de renforcer chaque doigt. Débute la main ouverte comme tout à l'heure ❶ et cette fois plie tous les doigts à la première phalange ❸. Redresse-les et recommence 10 fois avec chaque main.

La misdirection

Utilisé par les écrivains, les scénaristes de films et même par l'armée, la *misdirection* est l'un des atouts les plus puissants du magicien.

Ce terme anglais utilisé en magie désigne un détournement d'attention, c'est-à-dire, pour un illusionniste, attirer l'attention du public là où il n'y a rien d'anormal à voir pendant que l'on fait une action secrète ailleurs. Ce principe s'applique à de nombreux tours de magie. La *misdirection* s'obtient par une action ou par un texte approprié, et se base sur les limites de l'esprit humain car on ne peut se concentrer que sur une seule chose à la fois. C'est pour cela que le spectateur ne voit pas le mouvement secret.
Par exemple, le magicien présente un objet avec la main droite pendant que la main gauche prend un objet dans son cabinet des secrets.

Mais on peut pratiquer la *misdirection* simplement avec le boniment que l'on raconte. Ainsi, en racontant l'histoire de cinq amis qui se promènent pendant que tu fais le tour de la « disparition des boutons », tu captes l'attention des spectateurs qui oublient alors que les boutons étaient posés sur une carte à jouer.

Lecture de pensée

Un spectateur choisit un nombre. Le magicien lit dans ses pensées et, après quelques secondes de concentration, annonce le nombre auquel il pense !

Astuce

Les cartes magiques ont été créées selon un principe mathématique qui rend le tour automatique. Pour faire ce tour, il te faudra recopier sur des cartons les cartes magiques présentées sur cette page, ou les refaire à l'ordinateur pour les imprimer.

Présentation

- Demande à un spectateur de penser à un nombre entre 1 et 30 sans le dire.

- Montre une des cartes magiques au spectateur et demande-lui simplement si le nombre auquel il pense est écrit sur la carte. S'il dit

ɔui, pose le carton sur la table à
:a droite, faces en haut. S'il dit non,
ɔose-le à gauche. Continue avec
:hacune des cinq cartes en les posant
ì droite si le spectateur voit son
ıombre et à gauche s'il ne le voit pas.

- Lorsque tu as posé toutes les cartes
ɜur la table, regarde les cartes qui sont
ì droite : il faut que tu additionnes
ɜecrètement les nombres qui sont
ɗans le coin supérieur gauche. ❶
.e total est le nombre pensé
(dans notre exemple : 7 = 4 + 2 + 1).
Dis que tu vas lire le nombre dans
es pensées du spectateur et
ɑnnonce-le à voix haute !

Attention ! L'addition doit se faire en secret sans que les spectateurs s'en rendent compte.

H. Houdini, roi de l'évasion

Souvent confondu avec Jean Eugène Robert-Houdin, le célèbre Harry Houdini (1874-1926) est le roi de l'évasion... et de la communication.

Sa carrière

Il démarre sa carrière à l'âge de 20 ans en faisant des numéros de magie dans des cirques et au sein de petites troupes. Sa vie n'est pas facile mais il en profite pour se faire de la publicité en se débarrassant de ses menottes dans les postes de police. Il se fait appeler Harry Houdini, influencé par Robert-Houdin, et avec la volonté de devenir plus important que lui.

Profession : escapologue

Devenu célèbre en se libérant d'une camisole de force, suspendu en haut d'un gratte-ciel, il devient « le roi de l'évasion ». Maître en escapologie, l'art de se libérer, il s'échappe de chaînes cadenassées, de prisons et de coffres. Pour faire parler de lui, il prend toujours plus de risques en se faisant enfermer dans un bidon en métal rempli d'eau ou une caisse plongée dans une rivière. Il s'est toujours produit avec la volonté de surprendre son public et de montrer son pouvoir. Ses exploits continuent d'inspirer les magiciens du monde entier, de David Copperfield à Dani Lary. C'est aussi ça la magie.

Influence

Le magicien présente cinq cartes à jouer : quatre noires et une rouge et influence un spectateur pour qu'il ne choisisse jamais la carte rouge.

Astuce

Il s'agit d'une illusion d'optique. Pour la présenter, colle quatre cartes noires et une rouge comme sur le dessin. ❶

Présentation

- Montre les cartes à un spectateur et demande-lui de bien regarder où se trouve la carte rouge. Donne-lui une pince à linge et lui disant qu'il va devoir pincer la carte rouge.

- Annonce que tu vas utiliser tes pouvoirs magiques pour influencer ses pensées et retourne les cartes face en bas. Laisse le spectateur pincer la carte qu'il pense être la carte rouge. ❷

- Retourne les cartes face en haut sans toucher à la pince et montre au spectateur qu'il n'a pas réussi car tu as influencé ses pensées.

- Refais le tour une seconde fois, puis range tout.

Autour du magicien

Lorsqu'un artiste dit qu'il est magicien, beaucoup d'images viennent à l'esprit, dont certaines ont traversé le temps.

Le chapeau

Le haut-de-forme est le chapeau des magiciens... ou plutôt était ! À l'époque de Robert-Houdin, porter un chapeau démontrait que l'on appartenait à un certain milieu social. Les magiciens d'alors l'ont donc adopté pour paraître semblables aux spectateurs qui venaient les voir. Leurs tours extraordinaires étaient ainsi mieux mis en valeur par leur apparence ordinaire. Aujourd'hui, le haut-de-forme est démodé, c'est pourquoi les magiciens ne l'utilisent plus. Malgré tout, cet accessoire colle à l'image des magiciens.

Le lapin

Souvent associé au chapeau d'où il sort, c'est le premier tour auquel on pense lorsque l'on parle d'un magicien. Il est pourtant aujourd'hui très peu présenté puisque le chapeau haut de forme a disparu. En revanche, les illusionnistes d'aujourd'hui le font apparaître différemment ou ont remplacé le lapin par d'autres animaux plus surprenants comme les fauves présentés par Siegried et Roy aux États-Unis.

La colombe

C’est l’autre animal favori du magicien, sans doute parce que c’est un animal fragile, symbole de paix et d’amour. Là encore la mode évolue et certains magiciens jouent l’originalité en faisant apparaître de grands perroquets ou des serpents.

Le partenaire

Les magiciens de scène sont souvent assistés d’un ou d’une partenaire. Son rôle est bien sûr d’apporter les accessoires dont l’illusionniste a besoin, mais pas seulement : il est surtout très utile pour attirer l’attention pendant que le magicien fait un mouvement secret. Tu peux toi aussi demander à un ami de t’aider.

La ficelle coupée et réparée

Le magicien présente une ficelle ❶ et la coupe en deux. ❷ Les bouts sont placés en poche ❸ et la corde est réparée par magie ! ❹

Astuce

Prends un morceau de ficelle supplémentaire, de 10 cm de long. ❺ C'est ce bout qui sera coupé. ❻ Au début du tour, il est derrière le cabinet des secrets, avec la paire de ciseaux.

5

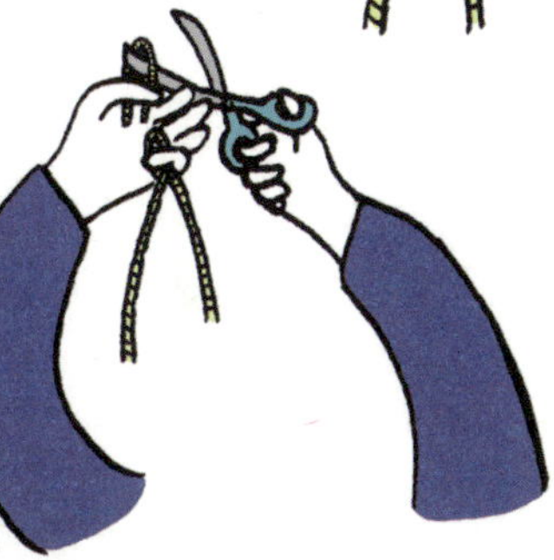

6

Présentation

Présente une ficelle d'environ 1 m t donne-la à examiner. Pendant e temps, prends derrière le abinet des secrets le bout upplémentaire de la main gauche t la paire de ciseaux de la main droite. Ne montre pas le bout de ficelle que tu as dans la main gauche ! La paire de ciseaux va servir à détourner l'attention.

- Récupère la ficelle de la main droite et prends-en le milieu dans la main gauche. De la main droite, fais dépasser le centre de la ficelle de la main gauche sur quelques centimètres. ❶ En réalité, bien évidemment, c'est le bout de ficelle supplémentaire que tu fais dépasser. ❺

- Coupe le bout de ficelle supplémentaire et montre qu'il est bien coupé. ❷ Place ensuite ta main gauche dans ta poche, avec les bouts supplémentaires, en laissant dépasser les extrémités ❸ et prononce une formule magique. Tire sur les extrémités, les bouts coupés resteront dans ta poche, et la ficelle est réparée ! ❹

L'entraînement du magicien

Avant de présenter des tours de magie, il est important de bien se préparer. Voici quelques conseils pratiques pour te permettre de répéter.

La régularité

Il est important de répéter les tours régulièrement pour les avoir bien en main. Cela permet ensuite de faire plus attention à la présentation et au public.

La position

Quand tu répètes, fais bien attention à te tenir droit, à ne pas faire de mouvements trop rapides et à ne pas masquer des objets en te tournant ou en faisant des gestes avec les bras

Miroir et caméscope

Répète devant un miroir pour avoir le point de vue du public qui ne doit pas voir l'astuce. Fais-le de face, puis en te tournant un peu de côté pour avoir une idée de ce que voit un spectateur placé sur le côté. Ensuite, si tu as un caméscope, tu peux te filmer et te regarder, c'est très utile.

Ton copain

Tu as peut-être un copain qui aime aussi la magie et avec qui tu partages ta passion. Après avoir répété seul tu lui présenteras tes tours. À deux, vous pourrez vous corriger l'un l'autre et progresser ainsi plus vite.

Le boniment

Le boniment est l'histoire qui accompagne et justifie le tour de magie. Grâce à lui, toutes les illusions sont possibles.

Un discours de vendeur

À l'origine, ce terme désignait les discours que tenaient les marchands ambulants pour vendre leurs produits. Ils utilisaient le boniment pour mettre en valeur et justifier les effets, prétendus magiques, des lotions qu'ils vendaient. Ils trompaient ainsi les acheteurs grâce à leur habileté manuelle et orale. Peu à peu, les magiciens se sont distingués des marchands, ne cherchant à tromper que pour distraire. Ils ont gardé la tradition du discours et le mot boniment.

L'histoire des magiciens

Aujourd'hui un peu dépassé, le terme est pourtant juste pour désigner l'histoire que racontent les magiciens. Robert-Houdin a écrit que ce mot est « tiré du vocabulaire des anciens escamoteurs, et n'a pas d'équivalent dans la langue française. Comment, en effet, exprimer ce qu'on dit en exécutant un tour ? Le boniment est tout simplement la fable destinée à donner à chaque tour d'escamotage l'apparence de la vérité. » Tu trouveras dans ce livre des idées pour écrire ton propre boniment.

La respiration

La respiration, ce geste apparemment simple, est un élément important pour tous les artistes, c'est pourquoi il faut y prêter attention chaque jour.

Économiser l'air

Pour mieux parler, il est important de bien utiliser l'air que l'on a aspiré. Inspire profondément, puis répète le plus de fois possible la phrase suivante : « Le petit prestidigitateur prépare presque son beau nœud papillon peint et son doudou tout doux pour présenter à son papa et son papy le petit spectacle qu'il a préparé. »

Respirer

Lorsque l'on respire naturellement, on aspire l'air dans les poumons. Si tu regardes les sportifs, les artistes de cirque ou les comédiens, tu verras que c'est surtout le bas du ventre qui se gonfle. C'est là un des secrets de ces disciplines : il faut respirer « par » le ventre.

Se détendre

Être détendu permet de mieux se concentrer devant son public. Avar un spectacle, couche-toi sur le do les bras le long du corps et détend toi : inspire silencieusement par le nez en gonflant d'abord le bas du ventre, puis les poumons, garde l' quelques secondes, puis souffle lentement tout l'air par la bouche Fais-le dix fois.

Le nœud défi

Le magicien propose de faire un nœud sur une ficelle sans lâcher les bouts. Aucun spectateur ne réussit car il faut connaître le secret.

Astuce

s'agit d'une bonne introduction une démonstration de nanipulations.

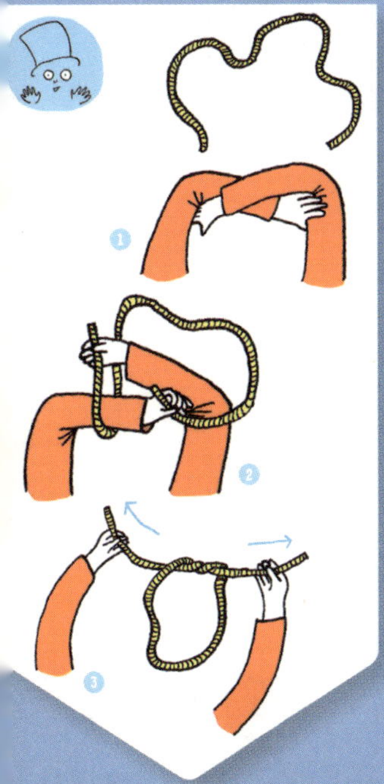

Présentation

- Prends une ficelle d'environ 1 m, et demande au public si quelqu'un est capable de prendre la ficelle par ses deux bouts et de faire un nœud au milieu sans lâcher les extrémités.

- Une fois que tout le monde a donné sa langue au chat, pose la ficelle sur la table et croise les bras. La main droite se trouve sous le bras gauche et la main gauche sur le bras droit. ❶ Prends l'extrémité gauche de la ficelle de la main droite et attrape le bout de droite avec ta main gauche. ❷

- Il ne te reste plus qu'à décroiser les bras sans lâcher la ficelle, le nœud se formera automatiquement au milieu. ❸

La corde hindoue

On a souvent attribué aux hindous des pouvoirs surnaturels comme la lévitation des yogis. La corde hindoue est un autre de ces grands mythes.

Témoignages

Le tour de la corde hindoue est l'un des plus vieux mythes de l'Inde. Le premier témoignage a été raconté par un voyageur arabe en Chine en 1355, Ibn Battuta. Un magicien de Hangzhou avait lancé en l'air une balle à laquelle pendaient des lanières. La balle disparut dans les nuages. Il demanda alors à l'un de ses jeunes assistants de grimper aux lanières qui pendaient toujours du ciel. Comme le garçon refusait de descendre, le magicien grimpa lui aussi, avec un couteau. Il découpa le jeune garçon en morceau. Bien sûr, de retour au sol, il redonna vie à son assistant. D'autres témoignages furent rapportés au cours du XVIe siècle par des témoins hindous. Une Européenne, Lady Waghorn a raconté ce tour, qu'elle aurait vu en 1892 à Madras, dans le quotidien britannique *Daily Mail*.

Une source d'inspiration

Ce tour de magie est largement inspiré des grands mythes qui ont fait l'histoire. D'autres légendes racontent le découpage d'un être humain que l'on rassemble ensuite. C'est un peu cette légende que les illusionnistes d'aujourd'hui font revivre à travers certains tours, comme par exemple la corde coupée et réparée, ou la femme coupée en deux. On retrouve l'idée de l'histoire de la corde hindoue dans le conte pour enfants de Jacques et le Haricot magique. Pourrais-tu, toi aussi, faire se dresser une corde en imaginant ta propre astuce ?

Le nœud d'une main

Pour surprendre le public, le magicien fait une démonstration de manipulation en réalisant un nœud d'une seule main sur une ficelle.

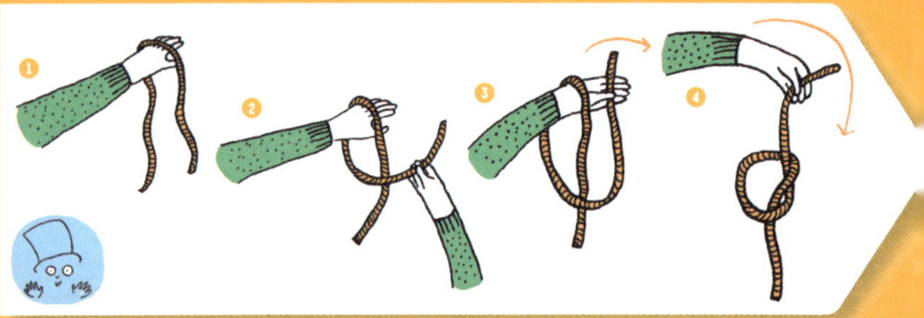

Astuce

Il n'y en a pas ! C'est une véritable manipulation et c'est cela qui impressionnera tes spectateurs.

Présentation

- Si tu viens de faire la présentation du « nœud défi », défais d'abord le nœud qui est sur la ficelle. Tiens-toi debout et pose la ficelle sur le dos de ta main gauche. ❶

- La main droite vient prendre le bout qui pend à gauche. Attention, pour cela, la main droite passe par derrière la ficelle, c'est-à-dire contre ton ventre. ❷ Tire ce bout vers la droite, puis prends-le entre le pouce et l'index de la main gauche. ❸

- Abaisse la main en gardant le bout entre le pouce et l'index gauches. Le nœud va se former tout seul sur la ficelle. ❹

Le plus grand magicien

Cette page est la tienne.
Elle t'aidera à trouver
le magicien qui est en toi.
Tu vas pouvoir inscrire
ici tous tes secrets.

Ta baguette magique

Tu l'a fabriquée ? Tu peux aussi lui donner un nom pour la personnaliser : ....

Ta formule magique

Inscris la formule magique que tu as choisi d'utiliser :

....

....

....

....

....

....

....

....

....

Ton histoire

Quel est ton passe-temps favori ?

....

Ceci peut être un thème de boniment. Ainsi, en partant de ce que tu aimes, essaie d'inventer une histoire. En la racontant, inclus un ou plusieurs tours tirés du livre. Ensuite, écris sur une feuille la liste des tours dans l'ordre et note à côté de chacun le thème de ton boniment. Exemple : tour : disparition des boutons / thème : une balade à cheval en forêt.

Personnage

Maintenant que tu as un thème d'histoire, tu peux définir ton personnage de magicien.
Quel est ton costume ? ....

....

Quel est ton nom d'artiste ? ....

....

Quel est ton rôle ? ....

....

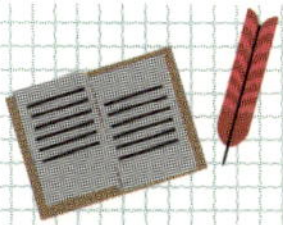

Le nœud magique

Le magicien fait d'une seule main un nœud sur une ficelle ❶, cette fois sans manipulation apparente. ❷ De la vraie magie ! ❸

Astuce

Le nœud que le public voit est en réalité un nœud fait à l'avance !

Présentation

- Si tu le fais en spectacle, annonce que tu vas faire une démonstration de manipulation invisible mais que tu dois t'échauffer. Tourne-toi et fais un nœud à 10 cm du bout de la ficelle, sans trop le serrer. Tiens-le dans la main droite sans que le public le voit ❹ et retourne-toi face aux spectateurs. ❶ Balance la ficelle d'avant en arrière et récupère, avec ta main droite, le bout sans nœud que tu viens de balancer. Le plus simple est de l'attraper entre l'index et le pouce (il faut un peu d'entraînement). ❺ Tiens-le une seconde en main et laisse-le retomber. ❻ Rien ne s'est passé.

Dis que tu vas recommencer et efais la même chose. De nouveau, ien ne se passe. 6

Annonce que tu vas essayer ncore. Cette fois, quand tu as ttrapé le bout sans nœud de la icelle, laisse tomber celui qui est aché dans ta main. 7 Le public oit donc un nœud apparaître sur a ficelle, alors que tu n'as pas ait de manipulation apparente. tonnement garanti !

7

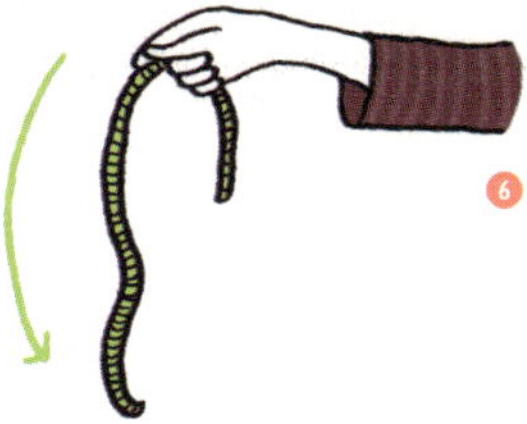

6

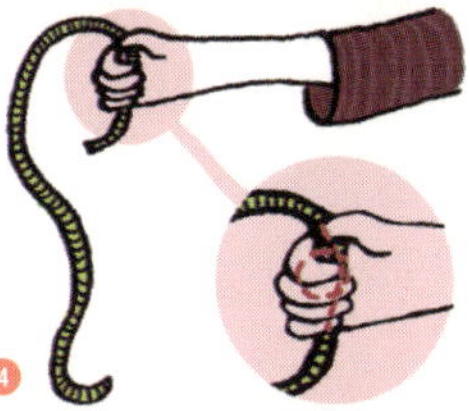

4

5

La magie, un art complet

La prestidigitation est bien plus qu'un simple amusement, c'est un passe-temps ludique dont la pratique régulière peut t'apporter beaucoup.

Motricité et dextérité

Certains tours demandent de la manipulation et plusieurs répétitions, ce qui va te permettre d'améliorer ta dextérité, ton habileté.

Public

En présentant tes effets à ton public, tu deviendras de plus en plus à l'aise pour parler devant beaucoup de monde et de moins en moins timide.

Parole

Pour présenter tes tours de magie, il faudra être compris facilement des spectateurs. En travaillant, tu pourras ainsi améliorer ta manière de parler et ta diction.

Persévérance et patience

Chaque effet demande à être travaillé et répété de nombreuses fois. Ça ne fonctionne pas toujours du premier coup, ce qui va augmenter ta capacité de concentration.

Créativité

Chaque tour doit être accompagné d'une présentation, d'une histoire, qu'il te faudra inventer et mettre en scène, ce qui est très bon pour l'imagination.

_es quatre as

Jn spectateur distribue un jeu
le cartes en quatre paquets
:t d'un geste magique
e magicien fait apparaître
es quatre as. ❶

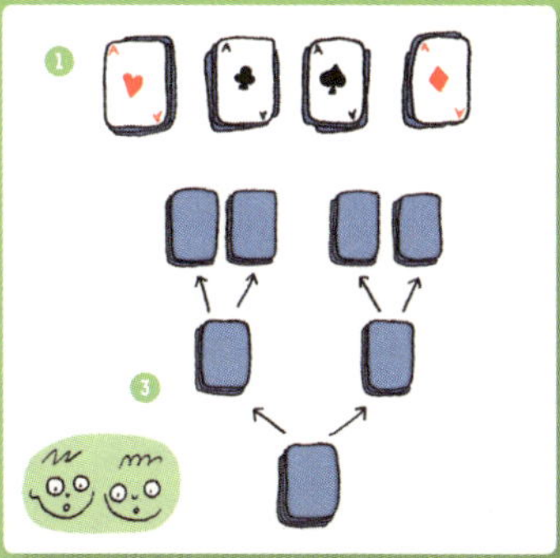

Astuce

faut placer, avant le début du
ɔur, les quatre as sur le dessus du
u. Attention, le public ne doit pas
savoir. ❷

Présentation

Prends le jeu de cartes et fais
n faux mélange. Puis, demande
u spectateur de couper une
oitié du jeu et de la garder en
ain. Demande-lui de poser la
remière carte à gauche sur la
ıble et la deuxième à sa droite
: de continuer à distribuer tout
ɔn paquet sur ces deux cartes
squ'à la fin. Il fait donc deux
les de cartes faces en bas.
uand c'est fait, demande-lui de
reprendre le paquet de gauche et de le distribuer à son tour en deux paquets en posant les cartes une à une sur deux nouvelles piles. Enfin, demande-lui de faire la même chose avec le paquet de droite. ❸

- Fais un geste magique et retourne les cartes qui se trouvent sur chacun des paquets, ce sont les quatre as ! ❶

Cartomagie

La cartomagie – l'art de faire de la magie avec des cartes à jouer – est très appréciée du public, mais nécessite quelques bases théoriques.

Couper un jeu de cartes

Pose le jeu sur la table, puis prends un petit paquet de cartes sur le dessus et pose-le à droite du jeu. ❶

Faces en haut et faces en bas

Le jeu est « faces en haut » lorsque l'on voit la valeur des cartes et « faces en bas » lorsque l'on voit le dos.

Compléter la coupe

Lorsque le jeu est coupé, prends le paquet à gauche et pose-le sur celui de droite. ❷

Faux mélange

Tiens le jeu en main, prends un paquet de cartes du dessus du jeu et pose-le à gauche.
Nous l'appellerons le paquet A. ❸

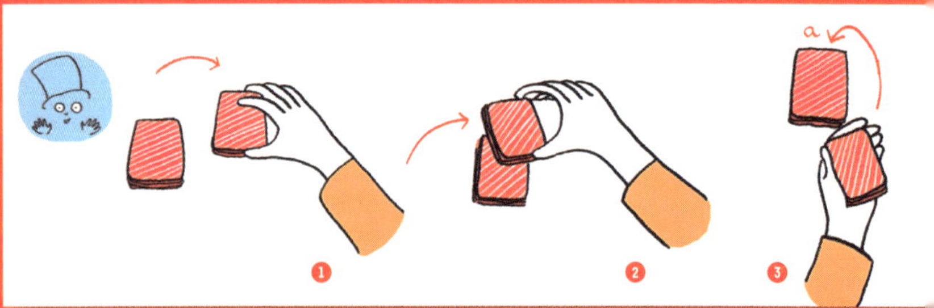

rends de nouveau quelques cartes ue tu poses à droite de A, ce sera : paquet B. Pose un troisième aquet à droite de B, ce sera C. nfin, pose le paquet qui te reste n main à droite de C, ce sera D. ❹

rends maintenant B et pose-le ur C. ❺ Prends l'ensemble B + C n main gauche. ❻ Prends ensuite et pose-le sur le paquet que tu ens en main. ❼ Pour finir, prends outes les cartes que tu as en ain et pose-les sur D. ❽ Pour le ublic, tu auras coupé le jeu 4 fois t mélangé les paquets alors que ordre des cartes n'a pas changé.

8

7

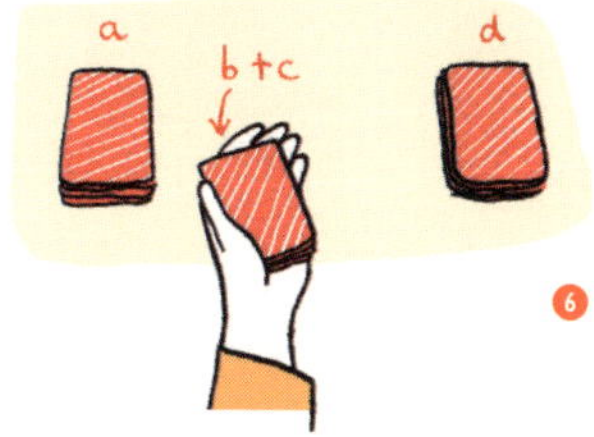

6

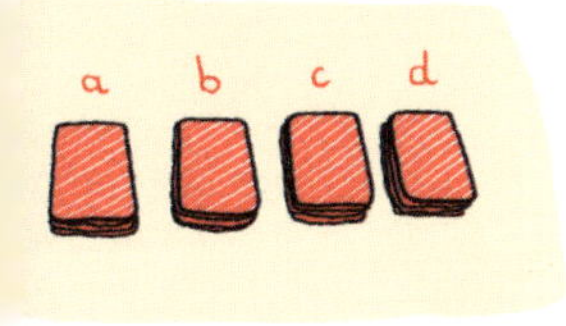

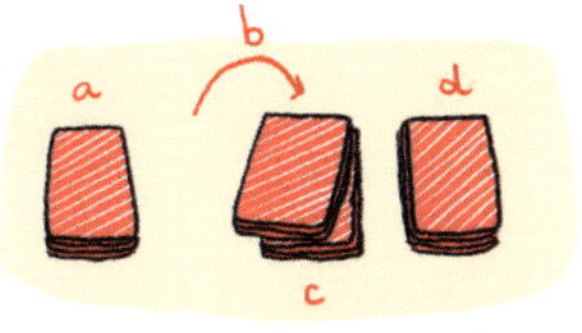

4

5

Une main souple

En plus de la force et de la précision, il faut avoir de la souplesse dans la main. Celle-ci facilite certains mouvements et rend les gestes beaux.

Exercice 1

Un petit flamenco ! Tiens ta main fermée en un poing serré ❶, puis commence à déplier le petit doigt ❷, puis l'annulaire ❸, le majeur ❹ et enfin l'index. Lorsque ces quatre doigts sont tendus, fais l'exercice inverse en repliant d'abord le petit doigt, puis l'annulaire, puis le majeur et enfin l'index. ❺ Recommence 10 fois avec chaque main. En plus d'être joli, c'est un bon exercice d'assouplissement.

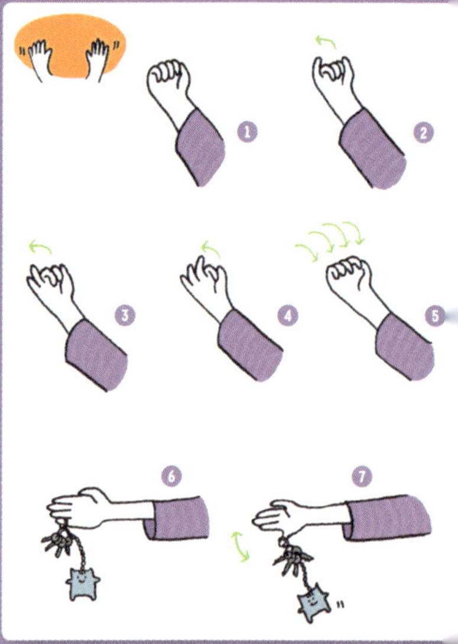

Exercice 2

Le petit doigt est souvent utile en magie, c'est pourquoi il est nécessaire de le muscler un peu. Pour cela, tiens ta main avec les doigts tendus pointant vers le côté et accroche un porte-clés au bout de ton petit doigt. ❻ Il ne te reste qu'à baisser ❼, puis relever le doig[t] sans bouger les autres. Fais-le 10 fois avec chaque main.

G. Méliès, précurseur et visionnaire

Georges Méliès (1861-1938), magicien français, est l'un des pionniers des effets spéciaux au cinéma et le premier réalisateur de films.

Magicien

Magicien passionné dès 1883, Georges Méliès rachète le théâtre de Robert-Houdin en 1888, et en devient le directeur. Son imagination débordante lui permet de présenter de véritables petits spectacles dont les programmes précisaient : « décors, machinerie, scénario et trucs de G. Méliès ».

Cinéaste

Photographe, il est séduit lors de la première projection cinématographique des frères Lumière. Il achète un projecteur pour le transformer en caméra et tourne son premier film en 1896. Il invente le premier trucage du cinéma, la substitution d'image, toujours utilisée dans les effets spéciaux d'aujourd'hui. Ses connaissances de la magie et de la photographie lui ont permis de tourner quelque 500 petits films enchanteurs dont le plus célèbre est le *Voyage sur la Lune* en 1902. L'homme n'ira réellement sur la Lune qu'en 1969 ! Son courage lui a permis de concrétiser ses rêves et de procurer de la joie à de nombreuses générations, et c'est vraiment de la magie.

La prédiction

La prédiction est un effet très magique, mystérieux, que beaucoup voudraient pouvoir appliquer dans la vie… comme prévoir les numéros du loto !

Dire avant…

La prédiction est la chose qui est dite (diction) avant (pré), c'est-à-dire que l'on a annoncé avant que cela ne se passe réellement. C'est l'effet du tour « C'est écrit » dans lequel tu donnes l'impression d'avoir prévu quel serait le choix du spectateur. Du point de vue du spectacle, ces effets sont appréciés car ils mettent en valeur l'effet magique : comment est-il possible que le magicien ait écrit, il y a 5 minutes, ce que quelqu'un pense seulement maintenant ?

Un tour à succès

Mais pourquoi ce genre d'effet magique a-t-il tant de succès ? La prédiction intrigue vraiment le public et donc l'attire. Et intéresser les spectateurs est une règle important du magicien. Probablement que la première chose à laquelle tout le monde pense, c'est à la possibilité de gagner à la loterie ou de connaîtr les questions d'un examen à l'avance. À toi de trouver des thèmes intéressants et des effets qui donnent envie.

C'est écrit

Le magicien écrit secrètement une prédiction, puis demande à un spectateur de choisir un as parmi les quatre. C'est celui prévu par le magicien !

Astuce

C'est en jouant sur les mots que tu prévois le choix du spectateur.

Présentation

- Pose les 4 as faces en bas sur la table ❶ et écris secrètement sur un papier le nom du quatrième as, ici « as de Carreau » ❷. Plie le papier avant de le poser sur la table et demande à un spectateur de dire un chiffre entre 1 et 4.

- S'il dit « 1 », dis-lui de retourner la première carte. Comme il est en face de toi, il va prendre l'as de carreau ;
- S'il dit « 2 », épèle « D - E - U - X » en posant à chaque lettre ton doigt sur une des cartes, en partant de la gauche. Tu finis sur l'as de carreau ;
- S'il dit « 3 », compte trois cartes en partant de la gauche, en retirant les cartes que tu touches au fur et à mesure. Il reste seulement l'as de carreau ;
- S'il dit « 4 », compte quatre cartes en partant de la gauche et tu arriveras sur l'as de carreau.

- Retourne l'as de carreau et fais lire la prédiction.

21 cartes mystérieuses

Un spectateur est invité à choisir une carte à jouer dans un petit paquet. En posant seulement trois questions, le magicien retrouve la carte choisie.

Astuce

Ce sont les mathématiques qui permettent de réaliser ce mystère.

Présentation

- Donne le jeu à un spectateur et demande-lui de le mélanger, puis de compter 21 cartes sur la table et de ranger le reste dans l'étui.

- Prends les 21 cartes en main, faces en haut et distribue-les sur la table en trois colonnes de 7 cartes. Attention, tu dois le faire de gauche à droite, en posant la première carte en haut de la colonne 1, la seconde en haut de la colonne 2 et la troisième en haut de la colonne 3. Puis, les autres cartes dans le même ordre : colonne 1, puis 2, puis 3 ❶ et ainsi de suite jusqu'à ce que tu n'aies plus de cartes en main. Toutes les cartes doivent être visibles, elles se chevauchent. ❷

- Demande à un spectateur de penser à l'une des cartes et dis-lui de te montrer dans quelle colonne elle se trouve. Lorsqu'il l'a fait, rassemble les colonnes sans changer l'ordre des cartes ❸ puis reconstitue le jeu en plaçant la pile avec la carte du spectateur entre les deux autres. ❹

- Recommence encore deux fois la même chose : distribue en

3 colonnes, puis demande où se trouve la carte du spectateur et rassemble les colonnes sans changer l'ordre des cartes avant de reconstituer le jeu en plaçant la pile avec la carte du spectateur entre les deux autres.

– Annonce ensuite que tu vas tenter de retrouver la carte du spectateur. Distribue les cartes une à une faces en haut sur la table. Dans ta tête, sans bouger les lèvres, compte les cartes. Lorsque tu arrives à 11, annonce : « Voici votre carte ! ». C'est celle du spectateur.

21 cartes-Final

Le tour des « 21 cartes » peut être vraiment magique si les spectateurs ne s'aperçoivent pas que tu comptes les cartes à la fin du tour.

Final difficile 1

Quand tu distribues les cartes à la fin et que tu comptes la 11e carte, mémorise-la (sur le dessin, le 9 de carreau) et continue à retourner encore 2 ou 3 cartes par-dessus. ❶ Le public croit alors que le tour est raté ! Annonce : « Voici votre carte », et prends la carte du spectateur. Essaie, tu verras que tout le monde sera bluffé.

Final difficile 2

Au lieu de simplement compter les cartes, tu peux les éparpiller sur la table en les posant une à une en désordre faces en bas. Pour les spectateurs, tu les places au hasard. En réalité, comptes mentalement et poses la 11e carte vers toi, un peu à l'écart des autres pour la repérer. ❷ Passe ensuite tes mains au-dessus des cartes et, après quelques hésitations, prends la carte du spectateur que tu avais posée à l'écart. ❸

La diction

Pour un magicien, la parole est souvent aussi importante que le geste, c'est pourquoi il faut bien maîtriser sa manière de parler.

Assouplir les lèvres

Répète dix fois chaque jour a phrase suivante en ouvrant a bouche en grand : « Dimitri e gentil magicien imite l'exquis prestidigitateur qui multiplie es minispaghettis dans le lit de sa petite mamy de Martinique. »

Assouplir la langue

Répète dix fois chaque jour la phrase suivante en faisant rouler es « R » très fort :
« Faire sortir quatre très grandes cartes de quatre très grandes fardes pour peut-être faire un très grand miracle à voir dans e miroir. »

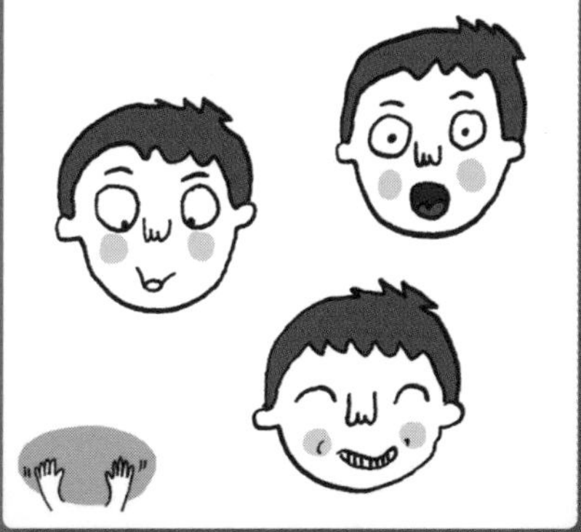

Articuler

Apprends par cœur les phrases suivantes et amuse-toi à les répéter tous les jours chacune d'elles 5 fois rapidement :
- « Le sorcier sans ciseaux sort de ses seize sacs six saucissons, sans se soucier de son sosie. »
- « Au gala du club des calés incollables de la galaxie, les colombes du mage ont glissé du câble glacé. »
- « Pascal masque l'as de son copain Max qui fixe son casque d'où l'as apparaît. »

La formule magique

As-tu choisi ta formule magique ? Tous les magiciens utilisent des formules magiques pour jeter un sort. Certaines sont devenues très célèbres.

Abracadabra

C'est sans doute la formule magique la plus connue. Sa signification n'est pas certaine et pourrait être empruntée au grec. Elle voudrait alors faire appel à Dieu en lui demandant d'intervenir. La première trace écrite de cette formule date du IIe siècle av. J.-C. et on la retrouve dans différents contes mythiques. On l'inscrivait sur des pendentifs sous forme de triangle inversé pour soulager la douleur lors des accouchements.

Les autres formules célèbres

On trouve de nombreux exemples de formules magiques dans les contes traditionnels comme par exemple *Jason et la toison d'or*. C'est aussi une formule magique, « Sésame, ouvre-toi », qui permet à Ali Baba d'entrer dans la grotte des 40 voleurs. Ainsi, les magiciens ont voulu se donner plus de pouvoirs en utilisant une formule magique, comme Harry Potter qui utilise : « Elasticus » pour sauter très haut, « Failamalle » pour faire vite ses valises, et « Bloclang » pour empêcher quelqu'un de parler.

Et la tienne?

Tu peux bien sûr utiliser « Abracadabra » car on est sûr qu'elle fonctionne, mais tu as peut-être aussi déjà entendu « Hocus-Pocus » ou « Sim Salabim ». Le magicien français Bosco utilisait sa baguette magique en prononçant la formule : « Spiriti miei infernali, obedite ». Tu peux toi aussi inventer ta propre formule magique. Si tu t'appelles Thomas, pourquoi pas « Thomasi magici » ? Laisse libre cours à ton imagination et tu trouveras une formule magique originale.

La carte déchirée...

Le magicien prend une carte à jouer et la déchire. ❶
Il place les morceaux dans une enveloppe, ❷
qui est fermée ❸ et reconstitue la carte. ❹

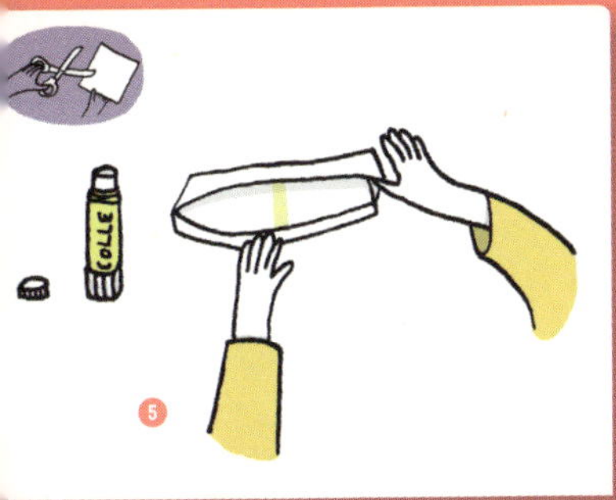

Astuce

'est l'enveloppe truquée qui va
e permettre de donner l'illusion
e réparer la carte. Il te faut aussi
eux jeux de cartes identiques,
ont un te servira toujours pour
échirer une des cartes. Tu pourras
insi faire le tour 52 fois.

Brico

rends une enveloppe assez large
t avec de la colle fait un trait
ertical au milieu, sur toute la
auteur. ❺ Tu vas ainsi coller les
arois de l'enveloppe au milieu
our avoir deux compartiments.

Préparation

Avant le tour, prends une carte dans le second jeu identique au premier, par exemple le 8 de cœur. Prends l'enveloppe avec l'ouverture vers toi ❻ et place la carte dans le compartiment de droite. Pose l'enveloppe derrière ton cabinet des secrets, tu es prêt pour faire le tour.

... et reconstituée

Tu as préparé l'enveloppe truquée nécessaire pour « la carte déchirée et reconstituée », voici maintenant comment tu peux présenter ce tour.

Présentation

- Prends ton jeu de cartes et étale-le sur la table faces en l'air. Regarde où se trouve le double de la carte que tu as placée dans l'enveloppe, dans notre exemple, le 8 de cœur. Prends la carte et déchire-la en quatre morceaux.

- Place-les dans le compartiment vide de l'enveloppe, celui de gauche si tu as suivi la préparation de la page précédente. Attention, le public ne doit pas voir l'intérieur de l'enveloppe. Ferme-la avec le collant et pose-la sur la table en laissant le rabat de la fermeture visible, ce qui te donnera un point de repère pour savoir quel côté tu dois ouvrir ensuite.

- Prononce une formule magique, puis fais un geste magique au dessus de l'enveloppe et ouvre-la sur le côté droit en déchirant de haut en bas (dessin ❹ page 75). Laisse tomber la carte entière sur la table et range vite l'enveloppe derrière ton cabinet des secrets pour que personne ne voie les morceaux qu'il y a dedans. Remets la carte dans le jeu, il est de nouveau complet.

Le close-up

Ce terme anglais est maintenant très à la mode et désigne toute une branche de la magie, celle qui se fait de près, sous les yeux des spectateurs.

Définition

Ce mot désigne la « magie rapprochée » et vient de la photographie où il signifie « gros plan ». Le *close-up* met souvent en scène des accessoires de petites tailles, comme les cartes ou les pièces, par exemple. Certains tours de ce livre sont typiquement de *close-up*, comme par exemple l'utilisation des boutons qui ne peut se faire que devant quelques spectateurs.

Aujourd'hui

On croise souvent des magiciens de *close-up* lors des dîners, à l'occasion de fêtes d'entreprises, et dans certains restaurants. L'artiste fait alors un numéro de « magie rapprochée » en passant de table en table ou en se déplaçant de groupe en groupe lors des cocktails. Le *close-up* a la particularité d'être très modulable et de pouvoir s'adapter à des conditions de spectacles très variées. On peut même présenter le *close-up* assis à table, en famille, mais aussi dans des salles aménagées pour l'occasion, afin que chaque spectateur apprécie le spectacle dans de bonnes conditions.

Magie et...

La magie n’est pas seulement un art à part entière, elle est souvent en relation étroite avec d’autres arts ou d’autres disciplines du spectacle.

Cinéma

Magie et cinéma ont été liés dès le départ. Grâce à Georges Méliès, la magie a permis la réalisation d’effets spéciaux bien avant l’existence des techniques modernes. Mais les progrès actuels en informatique ont changé ces besoins.

Théâtre

Les magiciens sont consultés lors de la mise en scène de pièces nécessitant des effets spéciaux. Le spectacle du Puy-du-Fou et de nombreuses comédies musicales récentes ont été réalisés à l’aide de magiciens. C’est également en intégrant des effets de magie à ses spectacles de marionnettes que Philippe Gentil a pu présenter ses spectacles merveilleux.

Télévision

Certaines émissions télé sont devenue cultes, comme la célèbre « Y'a un truc » de Gérard Majax. Aujourd'hui, « Le plus grand cabaret du monde » permet aux téléspectateurs de voir les plus beaux numéros de magie. Enfin les magiciens font régulièrement des apparitions dans de nombreuses émissions.

Culture

Il existe des lieux dédiés à la magie et ouverts à tous, comme la Cité magique en Belgique, le musée de la Magie à Paris et la Maison de la magie à Blois. On peut également considérer le Palais des mirages du musée Grévin de Paris comme un véritable lieu d'illusions... d'optique.
Certaines municipalités font aussi appel à des magiciens pour rendre plus interactives des expositions ou des présentations. Ils contribuent ainsi à mettre en valeur le patrimoine culturel local.

La magie est partout...

Équilibre instable

Grâce à quelques gestes magiques, le magicien fait tenir un gobelet en équilibre sur une carte à jouer posée verticalement sur la table. ❶

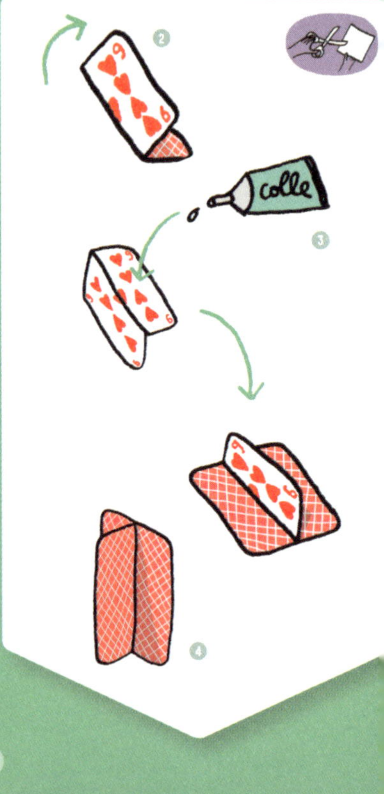

Astuce

La carte est truquée et c'est elle qui va tenir le gobelet. Pour la fabriquer, plie une carte au milieu, dans le sens de la longueur. ❷ Colle une moitié de la face de cette carte sur le dos d'une autre en alignant bien les côtés des cartes. ❸ Laisse sécher. ❹

Présentation

Prends un gobelet en plastique
vec un peu d'eau au fond (mais
as trop car il ne faut pas que la
arte plie). Prends la carte dans
'autre main et ne montre que la
ace, le public ne doit pas voir le pli
u dos. Pour cela, pince la carte
plat. ❼

Fais d'abord un gag pour faire sourire
es spectateurs et renforcer l'effet à
enir : pose le verre sur la carte à plat
ur la table et dit « le verre est en
quilibre sur la carte ! ». ❻
'ropose ensuite de réussir un
éritable tour de magie en faisant
enir le gobelet en équilibre sur la
arte placée verticalement. Prends
e verre dans une main et la carte
ans l'autre, comme sur le dessin. ❼

- Ainsi, l'index peut déplier la carte collée sans que le public le voie. ❽ Pose le gobelet dessus ! Écarte les mains en faisant des gestes magiques et reçois les applaudissements du public. ❶

- Ensuite, reprends le verre dans une main, pendant que l'autre plie la carte et la tient comme au début. ❺

Rencontres de magiciens

Poudlar n'étant pas une école de chez nous, où peut-on croiser des magiciens ? Et où se retrouvent-ils pour se rencontrer et échanger ?

En France

À la fin du XIXe siècle, la prestidigitation a attiré beaucoup de monde et quelques magiciens ont commencé à se regrouper en associations ou clubs. La Fédération française des artistes prestidigitateurs, créée il y a plus de 100 ans, rassemble aujourd'hui une cinquantaine de clubs de magie, dans lesquels, chaque mois, des centaines de magiciens, amateurs et professionnels se retrouvent. Chaque année, la FFAP organise les Championnats de France de magie, qui sont l'occasion de retrouver des magiciens des quatre coins du pays.

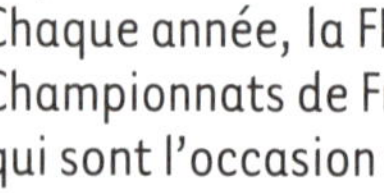

Dans le monde

Le développement de la magie étant mondial, la FFAP a proposé en 1937 la création d'une organisation qui regrouperait tous les magiciens du monde, la Fédération internationale des sciences magiques (FISM). Les premiers Championnats du monde de magie ont eut lieu en 1947 et se déroulent depuis tous les 3 ans

À toi maintenant

Il existe des clubs de magiciens dans de nombreux pays. Ceux-ci acceptent en général les magiciens amateurs, dès l'instant qu'ils sont passionnés. Si tu aimes la magie, n'hésite pas à les contacter.

Une bonne dissociation

Pour réaliser certaines manipulations,
le magicien doit parfois faire fonctionner un doigt
indépendamment des autres, c'est la dissociation.

Exercice 1

iens ta main à la verticale, les oigts tendus vers le haut ❶. Plie 'index à la première phalange sans aire bouger les autres doigts ❷. 'uis, tends-le de nouveau et fais e même avec le majeur ❸. Continue insi en faisant travailler chaque oigt 10 fois à tour de rôle.

❶ ❷ ❸

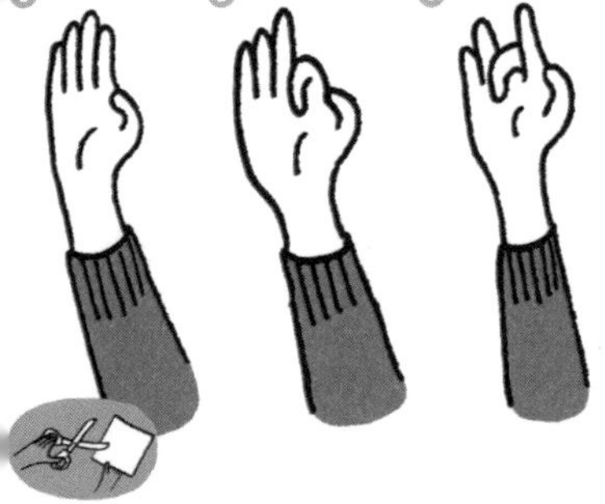

❹ ❺ ❻

Exercice 2

Tiens ta main droite, doigts tendus pointant vers le côté, parallèle au sol ❹, puis écarte d'une part l'auriculaire et l'annulaire, et de l'autre l'index et le majeur ❺. Puis rassemble les doigts ❹ et écarte simplement l'annulaire d'un côté et l'index de l'autre, en gardant le majeur et l'annulaire joints ❻ . Rassemble les doigts comme au départ et recommence en allant de plus en plus vite. Fais-le 20 fois avec chaque main.

Quand tu y arriveras bien, fais-le avec les deux mains en même temps.

À travers le solide!

Le magicien met au défi les spectateurs de pouvoir passer la tête à travers une carte à jouer et il le fait lui-même, sous les yeux amusés du public.

Astuce

C'est en jouant sur les mots et grâce à un découpage astucieux que tu pourras réaliser ce défi.

Présentation

- Demande aux spectateurs : « Pouvez-vous passer votre tête à travers une carte à jouer ? » Lorsqu'ils t'auront dit non, tu pourras proposer de leur montrer comment toi, tu y arrives.

- Prends une carte à jouer du second jeu qui te sert pour « la carte déchirée » et plie-la en deux dans le sens de la longueur. ❶ Découpe une fente près du bord, puis déplie la carte et passe les ciseaux dedans pour couper le milieu de la carte en laissant ½ cm non découpé de chaque côté, comme sur le dessin ❷

- Plie de nouveau la carte en deux dans le sens de la longueur. Tu vas maintenant découper la carte en partant de la fente que tu as déjà faite sur le côté, en alternant les coupes en partant du haut, et celles en partant du bas. Regarde bien le dessin. ❸

- Il ne te reste plus maintenant qu'à déplier la carte pour obtenir l'anneau dans lequel tu pourras passer la tête. ❹ Ne tire pas trop fort pour ne pas le déchirer.

La magie dans le monde

Historiquement, certains courants spécifiques de magie ont mûri dans des pays précis ou des régions avant de se répandre dans le monde.

Origine des diversités

Ces développements localisés sont le faits d'hommes à fortes personnalités, des maîtres, qui ont inventé un style particulier de magie, un peu comme dans les arts martiaux. Ces particularités s'expliquent aussi parfois par l'attirance d'un peuple pour un objet particulier, ou par la présence d'un groupe de magiciens désirant travailler sur un thème précis. Enfin, cela peut simplement venir de l'influence culturelle de la région. Chaque pays a ses particularités.

Les diversités

On peut accorder à l'Espagne, la naissance récente, d'un grand courant de cartomagie. On parle même d'« école » espagnole. La Hollande a été le berceau de plusieurs très grands numéros visuels, présentés dans le monde entier, et dont plusieurs artistes sont devenus champions du monde de magie. Les grandes illusions ont connu un essor considérable aux États-Unis avant de se répandre dans toutes les régions du globe. Enfin on peut attribuer à la France le privilège d'avoir permis à la magie des cordes de connaître un développement très important avec des artistes reconnus mondialement encore aujourd'hui.

Influences culturelles

Certaines tendances sont tellement liées à la culture d'une région que, même si leurs numéros sont présentés à l'étranger, seuls très peu d'artistes étrangers se lancent dans leur présentation. C'est le cas de la Chine dont la magie très personnelle est attachée à ses traditions. Les magiciens de cette région du monde présentent régulièrement des tours à l'aide d'éventail, de papier de soie, d'ombrelle et même de dragons ! Il n'est pas rare non plus que les artistes portent des masques traditionnels. La magie d'Afrique est également propre à ce continent et n'est d'ailleurs pas toujours perçue comme de l'illusionnisme. On trouve encore de véritables sorciers qui ont un rôle important dans certaines tribus. Ils affirment leur pouvoir à l'aide de tours de magie. À toi de trouver la couleur de ton numéro.

Le crayon qui bouge

Le magicien pose sur la table un crayon à papier et après avoir fait quelques gestes de sa baguette magique, le crayon se met à bouger tout seul !

Astuce

En réalité, la baguette sert à détourner l'attention et c'est en soufflant sur le crayon que tu vas le faire se déplacer.

Présentation

Pose sur la table devant toi un crayon à papier ou un marqueur. Le seul impératif, c'est qu'il soit rond ! Tu dois aussi poser le crayon assez près de toi pour le faire se déplacer sans avoir à souffler trop fort.

Prends ta baguette pour faire un geste magique. Ce mouvement sert de *misdirection* pour que le public regarde ailleurs que vers toi.

En faisant le geste magique, il ne te reste plus qu'à souffler silencieusement sur le crayon qui va avancer vers le public. Essaie de souffler sans bouger la tête.

Ne refais pas ce tour une seconde fois devant le même public car il pourrait alors comprendre l'astuce facilement.

Merlin, expression de la tradition

On conte l'histoire du magicien Merlin depuis plusieurs siècles. Il représente aujourd'hui la transmission de la tradition à travers le temps.

L'histoire de Merlin

De nombreux auteurs ont raconté la légende de Merlin, mais chacun à sa manière. Son histoire débute vers le Ve siècle lorsqu'il naît d'un homme fée et d'une druidesse. À partir du XIIIe siècle, les ouvrages évoquent le défi de l'épée Excalibur qui permet à Arthur de succéder à son père. À cette époque, on parle aussi des chevaliers de la Table ronde qui se lancent à la quête du Graal. Plus tard, le nom de Merlin fut associé à « enchanteur », notamment depuis la sortie du dessin animé de Walt Disney en 1963.

Rêve et bonté

On peut reconnaître beaucoup des qualités des druides chez Merlin : proximité avec la nature, pouvoirs magiques, sagesse, longue vie, rôle de guide et de conseiller. Merlin est un magicien généreux. Grâce à ses enchantements, il favorise des mariages et des naissances, comme celle du chevalier Lancelot. Il représente la bonté et le rêve. La magie va t'aider toi aussi à apporter du rêve, si tu le veux.

Créativité

Il faut avoir une bonne mise en scène, et une histoire qui aide le public à rêver. En voici une qui relie presque tous les tours de ce livre.

Cette histoire est un fil rouge, mais surtout n'hésite pas à écrire et à raconter ta propre histoire.

« J'ai reçu ma nouvelle baguette magique (Apparition de la baguette). Elle s'adapte au niveau du magicien. Au début, elle est toute petite (Baguette qui rétrécit). Elle est parfaite pour la lévitation (Baguette magnétique).

Là c'est une blague, mais avec de l'entraînement, elle peut vraiment voler (Baguette vraiment magnétique). En revanche, il ne faut pas trop l'utiliser sinon elle chauffe et devient toute molle (Baguette caoutchouc).

On peut la ranger facilement (Anneau magique).

Pour ma première leçon de sorcier, j'ai dû faire disparaître des boutons (Disparition des boutons), mais il y en a un qui était triste (Bouton triste), alors j'ai dû les faire revenir (Retour des boutons). Ce qui est difficile, c'est de lire dans les pensées (Lecture de pensée) ou de les influencer (Influence).

Mais, quand on connaît bien ses formules magiques, on peut faire des miracles (Corde coupée). Tout n'est pas automatique, il faut bien répéter (Le nœud d'une main) et c'est plus facile avec la magie (Nœud magique).

La dernière leçon, ce sont les cartes. Il faut faire apparaître les 4 as (4 as) et même prévoir l'avenir (C'est écrit). Pour avoir le diplôme de magicien, il faut pouvoir réparer ce qui est cassé (Carte déchirée), aire voler ce qui est lourd Équilibre instable) et, pour finir, asser à travers le solide (À travers solide). Voilà comment je suis venu magicien. »

Organise ton spectacle

Tu as répété les tours, tu as trouvé une histoire, écrit les boniments, il ne te reste plus qu'à te préparer pour ton premier spectacle.

La salle

Prépare une petite table pour toi dans un coin, en veillant à ce qu'il n'y ait pas de miroir derrière. Pose ton cabinet des secrets et prépare le matériel. Installe le public en face de toi en disposant les chaises côte à côte en arc de cercle, comme dans un théâtre. Il faut que le public soit à environ 2 m de toi pour que tu sois à l'aise, mais personne sur les côtés.

Ton costume

Les magiciens ont souvent besoin de nombreuses poches. Tu peux prendre une veste ou un pantalon à poches, par exemple. Ton habillement dépendra du thème de ton histoire.

Le matériel

Prépare derrière ton cabinet des secrets :
- La bague en papier sur la baguette magique, le tout dans l'enveloppe fermée
- Une serviette en papier et l'anneau
- La carte à jouer avec 5 boutons dessus, dont 2 collés La serviette avec les 2 boutons cachés. Le morceau de coton trempé dans de l'eau sur une petite soucoupe (pour ne pas abîmer les serviettes ou la table).
- Le bout supplémentaire de ficelle et la paire de ciseaux
- La carte Équilibre instable et le gobelet d'eau

Dans tes poches :

- Les cartes de Lecture de pensée et de Influence, la pince à linge
- La ficelle
- Le jeu de cartes avec les 4 as sur le dessus. Un papier
- L'enveloppe avec le double de la carte pour La carte déchirée
- Un crayon coincé dans ta manche

Ainsi préparé, tu peux présenter tous les effets du livre. Une fois que tout est prêt, tu peux faire entrer le public et l'émerveiller.

Amuse-toi bien !

Magicien aujourd'hui

Aujourd'hui la magie est ma passion, et c'est aussi mon métier, mon travail quotidien. Voici comment je suis devenu un magicien professionnel.

Mes débuts

Ma passion pour la magie est née quand j'avais 7 ans grâce à un livre comme celui-ci. Elle a grandi et j'ai travaillé chaque jour la magie après mes devoirs pour l'école. J'ai même fait quelques spectacles pour ma famille. Puis un jour, après l'université, j'ai eu l'occasion de travailler sur un bateau de croisière en Russie. C'était il y a huit ans.

Un métier

Aujourd'hui, la magie est mon métier. Elle m'a emmené aux quatre coins du monde : Chine, Australie, Mozambique, Mexique, et d'autres pays magnifiques. Je présente des animations pour des goûters d'anniversaire ou pour des fêtes de fin d'année ainsi que pour des fêtes d'entreprise.

Ta passion

Si toi aussi, tu aimes la magie et que tu ne veux plus jamais t'ennuyer, demande une boîte de magie pour ton anniversaire. Ensuite, tu rencontreras peut-être un jour un maître qui t'apprendra quelques secrets. Mon maître s'appelait Paul de Rhuys, il m'a tout appris.

Pour me contacter : www.benoitrosemont.com

Index